Les Éparges

CONFÉRENCE

FAITE A SAUMUR, LE 19 JUILLET 1915,
A MESSIEURS LES OFFICIERS,
AUX GRADÉS ET AUX CAVALIERS
DU DÉPOT DU 21e RÉGIMENT DE DRAGONS,

PAR

M. le Ss-Lieutenant Jules CUSTOT
du ...me d'Infanterie de ligne

SAUMUR
IMPRIMERIE PAUL GODET
4, place du Marché-Noir, et rue d'Orléans, 36

1915

Les Éparges

CONFÉRENCE

FAITE A SAUMUR, LE 19 JUILLET 1915,
A MESSIEURS LES OFFICIERS,
AUX GRADÉS ET AUX CAVALIERS
DU DÉPOT DU 21e RÉGIMENT DE DRAGONS,

PAR

M. le Ss-Lieutenant Jules CUSTOT
du ...me d'Infanterie de ligne

SAUMUR
IMPRIMERIE PAUL GODET
4, place du Marché-Noir, et rue d'Orléans, 36

1915

LES ÉPARGES

MON COMMANDANT,

Monsieur le Capitaine Aymé m'avait fait l'honneur de me demander une conférence, lors de mon premier passage à Saumur. J'avais accepté sans tenir assez compte de la nullité de mes moyens oratoires; mais je fus assez heureux de constater, jeudi dernier, que, malgré cette défaillance, j'avais intéressé mon auditoire.

Aujourd'hui, après le nouvel honneur que vous me faites, mon Commandant, je me sens tout ému, non seulement de parler devant une assistance aussi nombreuse, mais encore et surtout parce que je sens que vous avez voulu témoigner, en cette occasion, toute votre admiration pour notre chère arme de l'Infanterie, et cette marque de haute estime m'émeut profondément.

Ce qui m'encourage, c'est la pensée de votre bienveillance, c'est la circonstance que mes auditeurs, tous militaires comme moi et, comme moi par conséquent, tous hommes d'action, ne me demanderont que de leur exposer en soldat, plus préoccupé du fond que de la forme, mais avec une fidélité absolue, les faits dont j'ai été témoin.

Je sollicite de votre part à tous, de vous, mon Commandant, et de vous, Messieurs, une indulgence fraternelle, si j'ose dire, dont j'essayerai de me rendre digne par le souci constant de la vérité stricte et par une franchise de soldat parlant à des soldats sans peur et sans reproches !

Mon Commandant,

Messieurs,

12 Septembre 1914.

La bataille de la Marne venait, par un coup de magie, de changer miraculeusement le sort des armes. Les Allemands, tout surpris encore du prodige de notre Etat-Major et de la résistance inattendue que nous venions de leur opposer victorieusement, battaient précipitamment en retraite de tous côtés, abandonnant un nombreux butin, mais en ayant soin toutefois de dissimuler leur fuite par un faible rideau de vivants et... de morts ! Oui, Messieurs, de morts disposés en tirailleurs dans la position du tireur à genou ou couché !.....

A ce moment là, nos avions ne nous rendaient pas les services qu'ils nous rendent aujourd'hui et depuis quelques mois déjà, leurs renseignements, sur lesquels nous comptions pourtant, étaient nuls ; l'organisation, qui fait aujourd'hui d'eux les maîtres incontestés de l'air, était défectueuse et ils ne paraissaient pas connaître comme nos ennemis les moyens rapides de communiquer, soit avec l'artillerie, soit avec nous!... Pendant quinze jours, au moins, je n'ai pas vu un seul de nos aviateurs, tandis que le ciel était sillonné à tout instant par les aviateurs boches dont les renseignements sûrs et rapides nous valaient à chaque fois une pluie de mitraille !.....

C'est donc par nos propres ressources, c'est-à-dire grâce à notre système de patrouilles, que nous fûmes obligés de nous renseigner sur l'état des forces que nous avions devant nous, et c'est ce qui explique que le gros de ces troupes avait pu se retirer, tandis que nous étions tenus en échec par le faible rideau dont je vous entretenais tout à l'heure et par une batterie d'artillerie...

Le Général en Chef, par un ordre à l'Armée, tout vibrant du plus pur patriotisme, et dont le texte est encore présent à toutes les mémoires, remerciait tous les combattants et ordonnait la reprise En Avant!

Pendant trois jours, malgré des marches très pénibles de 50 kil. par jour, il nous fut impossible d'apercevoir le moindre ennemi...., l'armée allemande battait en retraite à une allure qui nous donne la mesure de ce que sera sa fuite au jour prochain, espérons-le, de la victoire finale!...

Les Allemands, dans cette fuite précipitée, avaient abandonné un butin énorme de munitions de toutes sortes : canons, obus, tracteurs automobiles, fusils, baïonnettes et de véritables collines de cartouches à l'usage de leurs mitrailleuses dont ils étaient si abondamment pourvus...., de havre-sacs, dont nos lignards s'emparaient pour remplacer les leurs qu'ils avaient si imprudemment abandonnés au moment de la retraite et dont ils appréciaient maintenant tous les avantages, non seulement en ce qui concerne les provisions de bouche, mais encore pour la protection qu'ils offrent contre les éclats d'obus et les shrapnels.... Chacun de nous avait comme fétiche, pendu à son équipement, un ou plusieurs casques à pointe...; tous ces objets ennemis durent être abandonnés par nous sur un ordre du généralissime !

La seule chose que les Allemands avaient soin de dissimuler avec précaution, c'étaient leurs morts, tandis qu'ils laissaient les nôtres bien en évidence dans le but de nous démoraliser... Il faut croire qu'ils ignoraient complètement notre mentalité, car la vue de nos morts ne faisait qu'aviver notre haine et qu'accroître nos désirs de vengeance !...

18 Septembre 1914.

Dans une ferme au nord-ouest de Bar-le-Duc, nous découvrîmes un monceau de cadavres boches empilés les uns sur les autres et entassés derrière la porte de la ferme ! C'est à ce moment que nos hommes se ravitaillèrent en tabac !..... Les sacs et les poches de ces cadavres étaient remplis de tabac, de cigares et de cigarettes provenant de nos magasins dévalisés !... Ce n'était donc qu'un commencement de restitution !.....

21 Septembre 1914.

Les premiers patrouilleurs ennemis furent aperçus en avant de Rupt-en-Woëvre, et c'est là que notre régiment reprit le contact ; de suite ce fut la guerre de tranchées qui nous fut imposée, les boches ayant déjà choisi leur ligne de résistance et s'y étant solidement fortifiés !

L'armée allemande qui nous était opposée est commandée par le Kronprinz ; elle est composée en majeure partie des meilleurs recrutements de l'Empire, et il suffit au fils aîné de l'Empereur de faire un seul geste pour que de suite les renforts qu'il désire lui parviennent le plus rapidement possible et par les moyens les plus divers : autos, chemin de fer, voitures, etc...

Il ne faut pas croire que ces soldats se battent mal et uniquement sous la menace constante des coups de plat de sabre ou de revolver !... Ce sont, au contraire, des soldats admirables, parfaitement disciplinés, très obéissants aux ordres qu'ils reçoivent et sachant mourir en soldats !... Leurs attaques en colonnes massives sont très impressionnantes et témoignent au plus haut degré du mépris absolu de la mort !

23 Septembre 1914.

La première ligne de résistance sérieuse que les Allemands avaient fortifiée, était la Tranchée de Calonne, grande route forestière partant du fort du Rozellier et rejoignant Vigneules-lès-Hattonchâtel. C'est donc sur cette ligne que se portèrent tous nos efforts, et elle serait depuis le 24 septembre 1914 toute entière en notre possession jusqu'au promontoire d'Hattonchâtel si, ce jour-là, un régiment de ligne, qui devait soutenir sur notre aile droite l'attaque que nous menions au centre, n'avait malheureusement fléchi !..... Un ordre transmis par erreur à notre colonel nous faisait exécuter deux mouvements contraires ; tandis que le général de brigade, mal informé, donnait l'ordre à notre artillerie de raccourcir son tir de 100 mètres tous les quarts d'heure... de sorte qu'à la suite de ces mouvements que nous venions d'effectuer et qui se contredisaient, nos premières lignes, prises sous le feu de nos 75, furent obligées de se replier.....

Nous devons reconnaître que ces erreurs provenaient du manque absolu de liaison qui existait non seulement entre les divers éléments d'un même régiment, mais entre les divers régiments chargés de l'attaque !... Toutes les instructions du temps de paix données à ce sujet paraissaient être totalement oubliées et mises systématiquement à l'écart !!.... Dans la guerre de mouvement comme dans la guerre de stationnement, il existe des principes immuables et ceux qui régissent la liaison sont justement de ceux-là !... Si la liaison avait été étroitement établie, ce jour-là, le régiment de ligne, qui a fléchi sous le prétexte qu'il se croyait tourné par l'attaque allemande, aurait su qu'il était solidement encadré, au contraire, par nos propres troupes ; il aurait donc gardé les positions qui lui avaient été confiées et notre attaque aurait été couronnée du succès qu'elle méritait !...

Nous fûmes, hélas ! obligés de nous replier, et depuis, malgré des attaques très vigoureuses, nous avons été impuissants à nous rendre maîtres de la partie Sud-Est de la Tranchée de Calonne que les Allemands occupent encore jusqu'à ce jour et par où ils tentent, mais en vain, heureusement, de tourner nos défenses par Mouilly, afin de prendre une offensive à rebours sur les Eparges.

Octobre 1914.

Si les Allemands savent mourir en soldats, comme je vous le disais il y a quelques minutes, les nôtres savent mourir en héros et je tiens à vous conter la façon admirable avec laquelle nos hommes menèrent l'attaque sur cette ligne si vigoureusement défendue. Il s'agissait de nous emparer, sur une longueur de 2 kilomètres, des tranchées adverses ; notre attaque à la baïonnette devait avoir lieu à 7 heures 1/2, après une préparation d'artillerie de 45 minutes. La nuit, nous travaillâmes à préparer dans nos tranchées des positions nous permettant d'atteindre sans trop de difficultés le parapet extérieur, de manière à nous lancer très rapidement sur les lignes boches que nous avions l'espoir de surprendre... Des escaliers furent donc, à cet usage, creusés dans la terre ; ils étaient assez larges pour permettre à une compagnie de s'y engager en colonnes par quatre... A l'heure dite, et quoique le bombardement de notre artillerie ne se fît que pendant 15 minutes au lieu de 45 ,pour des raisons que nous ignorons, un coup de clairon nous prévint que l'attaque allait commencer !... La compagnie d'attaque était massée derrière les escaliers prête à bondir et, au second coup de clairon, nos hommes, en chantant la *Marseillaise*, s'élancèrent au dehors de la tranchée... Les mitrailleuses ennemies ouvrirent alors un feu d'enfer et nos hommes, au fur et à mesure qu'ils apparaissaient au dessus du parapet, étaient étendus raides morts !!... Les chefs de section, avant de partir, se disaient mutuellement adieu ; du sabre ils saluaient leurs hommes et donnaient ensuite le signal du départ... Ils pouvaient répéter, avec une légère modification, cette phrase célèbre : *« France, ceux qui vont mourir te saluent ! »* Au-dessus du parapet, les cadavres s'entassaient ; nous attendions notre tour, la mitraille faisait rage et le colonel, devant son régiment qui se fondait pour une attaque dont il ne voyait pas de résultat, téléphonait au général de brigade pour savoir s'il devait faire cesser cette hécatombe qu'il jugeait inutile !.... Les refrains guerriers poussés par des milliers de poitrines emplissaient l'air, et la Mort, là haut, continuait son sinistre travail !....

Enfin, un ordre du général arrive et l'attaque cesse ; deux cents des nôtres manquent à l'appel, mais de quel magnifique exemple de discipline et de bravoure ils ont fait preuve devant ces escaliers dénommés depuis par nous, les escaliers de la mort !

Les Allemands étaient donc solidement fortifiés, et tous nos efforts ne vont tendre qu'à les déloger des cavernes qu'ils ont creusées et dans lesquelles ils se terrent croyant y être en sécurité ! Tous nos efforts ne vont tendre qu'à user l'ennemi et qu'à occuper certains points intéressants en vue d'une future offensive.

Tels furent les combats des Eparges dans la Woëvre, et ceux à travers le bois Le Prêtre, combats engagés simultanément et qui avaient pour but de rétrécir la hernie de St-Mihiel, afin de couper les communications de l'ennemi venant de Metz par Thiaucourt où, selon toute vraisemblance, se trouve le grand quartier général du Kronprinz.

Notre régiment fut de ceux qui participèrent aux différentes attaques dirigées contre cette position et à l'action qui nous a rendus maîtres, le 9 avril au soir, de la totalité de la crête des Eparges.

La crête des Eparges est un long éperon de 1.400 mètres et d'une altitude de 346 mètres qui domine, à l'est des Hauts-de-Meuse, l'immense plaine de la Woëvre. Les flancs en sont abrupts et glissants. De nombreuses sources les sillonnent. Il y pleut souvent. C'est une montagne de boue particulièrement intéressante par sa position et que les Allemands avaient transformée en véritable forteresse en y installant, entre le sommet et les vallées, plusieurs lignes de tranchées très profondes et couvertes non seulement de rondins et de terre, mais encore de rails de chemins de fer !... Certains postes de commandement, occupés par les officiers, offraient tous les signes du confort le plus moderne !... Ils étaient là... bien mieux que chez eux !...

Sur certains points, cinq étages de feu se superposaient les uns aux autres, et les Allemands tenaient sous leurs canons les villages de Mesnil-sous-les-Cotes, Mont-sous-les-Cotes, Bonzée et Trésauvaux, régulièrement bombardés toutes les fois que leurs troupes subissaient un échec en un point quelconque de la ligne qu'ils occupaient.

Le village des Eparges, situé au fond de la vallée, était occupé depuis novembre par nos troupes qui, malgré des bombardements nombreux et prolongés, avaient réussi à s'y maintenir, en repoussant de furieuses attaques de l'ennemi. Nous tenions aussi, vers le sud-est, les carrières de Saint-Rémy qui surplombent légèrement ce village, enlevé également par nous, en novembre, à la baïonnette, mais auquel les Boches, quelques jours plus tard, mirent le feu au moyen de pastilles incendiaires, dans la rage où ils étaient de ne pouvoir en rester maîtres. Dans ces conditions nous ne pouvions non plus l'occuper.

Novembre 1914.

Au sujet de la prise de ce village de Saint-Rémy, je désire vous conter une anecdote qui vous éclairera sur l'imprudence souvent regrettable de nos hommes, imprudence capable non seulement de leur coûter la vie, mais encore de dévoiler à l'ennemi nos positions, imprudence qu'il est nécessaire de leur faire perdre par tous les moyens en notre pouvoir.

A la suite de l'incendie du village, nos troupes reçurent l'ordre d'occuper des positions de repli, situées à quelques centaines de mètres en arrière, sur les flancs du Bois-Haut, et mon commandant me donna l'ordre de me rendre dans le village, afin de me renseigner sur l'état exact des dégâts, sur les intentions probables de l'ennemi et, au moyen des cadavres ou des prisonniers que je pourrais faire, le cas échéant, sur les forces qui étaient devant nous. Quelques hommes de bonne volonté constituèrent ma patrouille. Il s'agissait d'agir avec prudence et célérité, surtout à un certain passage, découvert aux vues de l'ennemi et balayé par des rafales de mitrailleuses... Les dispositions furent vite prises et, en bon ordre, mes hommes se glissèrent jusqu'à l'entrée du village ; les quelques portes qui n'étaient pas consumées par le feu, furent brisées à coups de crosse, tous les coins fouillés minutieusement et des sentinelles placées aux issues les plus importantes, tandis qu'aidé de quelques hommes, je faisais le tour de ce qui était le village quelques heures auparavant. Les Allemands, prudemment, s'étaient éclipsés ; dans ce vaste brasier, des lapins et des poules s'enfuyaient éperdus..., évitant un foyer pour se précipiter dans un autre...Dans le presbytère, encore intact, des cadavres boches pêle-mêle entassés...; étendu un peu à l'écart, un officier allemand venait à peine de rendre le dernier soupir..., son corps était encore chaud..., dans ses poches, des notes et instructions précieuses furent trouvées et gardées par moi soigneusement pour être remises plus tard à mon commandant... Mes hommes, pendant ce temps, faisaient une large moisson d'équipements et de munitions de toutes sortes !

Mais déjà les premières lueurs du jour apparaissaient et il fallait rejoindre nos lignes ; mes hommes prévenus se rassemblaient au point indiqué, mais ils avaient aperçu, sur les arbres bordant la route, des pommes tentantes ; ils ne purent résister et déjà, avant même que je n'eusse le temps d'intervenir, leurs musettes en étaient gonflées !!...

Sans trop m'appesantir sur le larcin qu'ils venaient de commettre et que, par euphémisme, nos hommes appellent maraude, je leur fis entrevoir tout le danger auquel ils venaient de s'exposer ; et, après une verte remontrance, nous reprîmes ensemble le chemin de nos tranchées, heureux que j'étais au fond des résultats satisfaisants que j'avais tiré de cette patrouille et joyeux de ce que cette imprudence n'avait coûté la vie à aucun de mes hommes, ni dévoilé à nos ennemis la position que nous occupions.

Dans la guerre actuelle, avec un ennemi qui se bat sans aucun idéal, mais en répudiant toute noblesse et tout honneur, nous devons agir avec des armes semblables si nous ne voulons être en état d'infériorité ! Les beaux gestes des guerres d'antan doivent être à jamais rayés de nos mœurs ! Vous tous qui êtes appelés à remplir un commandement, persuadez-vous, au contraire, de la nécessité qui existe sur le front de bannir tout mouvement impulsif inhérent à notre tempérament, mais inutile à notre cause ; ressemblons le plus possible à nos hommes ; comme eux, mettons un sac, prenons un fusil, faisons disparaître au minimum tous les signes extérieurs de notre grade ; enfouissons dans nos musettes, au moment de l'attaque, nos cartes, nos jumelles, nos porte-papiers ! Refoulons au fond de notre cœur nos élans chevaleresques et, puisque ces sauvages se cachent sous terre pour nous combattre, sachons les imiter malgré tout notre dégoût et tout notre rancœur !!...

Décembre - Février.

Aussi, pendant la période comprise entre fin novembre et fin février, allons-nous nous employer activement à nous creuser, comme eux, des abris et, au besoin, de véritables cavernes ! Nous les perfectionnerons tous les jours davantage, nous les fortifierons par tous les moyens mis en notre pouvoir, nous nous exercerons à cette guerre si nouvelle pour nous et si différente de celle que nous avions apprise dans les livres ou sur les terrains de manœuvres.

Nous étonnerons nos ennemis par ce don de l'improvisation le plus caractéristique, entre tant d'autres, de notre extraordinaire race ! Nous ne cesserons de repousser toutes les attaques et les nombreuses contre-attaques qu'ils lanceront contre nos lignes et dans lesquelles ils laisseront, à chaque tentative, tant des leurs sur le champ de bataille !

Nous les aiguillonnerons même à maintes reprises grâce à notre artillerie dont la puissance devient, au fur et à mesure que les heures passent, de plus en plus formidable ; grâce à nos mitrailleuses, à nos batteries de fusils, à nos tirs par salves et à toutes ces armes ressuscitées du Moyen-Age qui nous rendent encore de si appréciables services.

Pendant cette période, la pluie nous fut plus pénible que le froid ; mais, néanmoins, beaucoup de nos hommes eurent les pieds gelés, et nous ne saurions trop les mettre en garde contre ce mal terrible qui, plus que les obus parfois, a contraint nos chirurgiens à procéder à des amputations douloureuses.

D'une façon générale, nos soldats ne s'inquiètent pas suffisamment des conseils d'hygiène qui leur sont donnés, ils négligent les soins qu'ils se doivent et, malgré toute la surveillance qui les entoure, désobéissent aux ordres qu'ils reçoivent en ne graissant ni leurs pieds, ni leurs chaussettes, ni leurs chaussures. Ils restent, durant de longues heures, immobiles dans les tranchées, ne prennent pas la précaution de faire circuler le sang suivant les prescriptions médicales et s'étonnent, tout à coup, de ne plus pouvoir se tenir debout ! Il faut alors les évacuer, beaucoup d'entre eux, en arrivant à l'hôpital, ont les pieds atteints par la gangrène et l'amputation devient une nécessité.

Mais mon but est de vous entretenir des Eparges, revenons à notre sujet.

Le Bois-Haut était solidement organisé par notre infanterie ; elle en occupait le sommet et les pentes descendant vers le village de Saint-Rémy, face au col de Combres occupé par l'ennemi qui pouvait, grâce à un passage souterrain habilement dissimulé, se porter rapidement sur la crête des Eparges.

Nos renforts se trouvaient au carrefour des Trois-Jurés, derrière la côte de Montgirmont et même au village de Mesnil-sous-les-Côtes. Au moment de l'attaque, c'est également aux environs du carrefour des Trois-Jurés que se tenaient notre général de corps d'armée, notre général de division et tous les services sanitaires ; c'est là que nos blessés recevaient les premiers soins, après ceux des premiers postes de secours placés un peu en arrière de la ligne d'attaque, et de là qu'ils étaient ensuite évacués vers les hôpitaux de la zone des Armées ou vers ceux de l'intérieur, selon leur état de gravité. Tous ces postes de secours étaient organisés aussi bien que possible et les soins que l'on y recevait étaient aussi paternels qu'éclairés. Si certaines questions de détail laissaient à désirer, c'est que les difficultés étaient insurmontables, et seuls ceux qui présidaient à leur organisation peuvent en parler sciemment !!!...

Mars 1915.

Notre attaque devait se dessiner par l'ouest, protégée au préalable par une préparation d'artillerie qui devait faire pleuvoir pendant plusieurs heures une véritable averse de mitraille sur les tranchées que nous avions l'ordre d'enlever ensuite à la baïonnette...

Le génie, par la sape et par la mine, devait jouer un rôle très important en creusant des galeries souterraines qui, par leur explosion au moment opportun, devaient nous permettre de trouver des points d'appui sous le nom d'entonnoirs. Grâce à ses officiers dont nous ne saurions trop louer la compétence technique, grâce à ses soldats admirables, dont l'éloge maintes fois répété et hautement proclamé n'est plus à faire, les travaux furent terminés au jour fixé, malgré toutes les difficultés et tout le péril d'une semblable entreprise. Il était nécessaire, en effet, pour consolider tous ces travaux, d'avoir une grande quantité de rondins qu'il fallait apporter sur les lieux mêmes des travaux. Tous les chemins étaient sous le feu de l'ennemi et sérieusement mitraillés la nuit comme le jour. La nuit toutefois les opérations pouvaient s'effectuer avec plus de chance, et c'est ainsi que, pendant de nombreuses nuits, les troupes de seconde ligne prenaient sur leur sommeil les heures nécessaires au transport de ces rondins !

La plus grande partie de la crête des Eparges fut ainsi conquise par nous; mais nos attaques ne pouvaient avoir de résultat décisif que si nous atteignions aussi le point culminant, situé à l'est et que, si nous nous emparions au nord-est d'un bois de sapins situé sur les pentes d'un ravin creusé au cœur du massif d'où le tir de l'ennemi nous surprenait de flanc !

Nous ne pouvions naturellement procéder que lentement, chaque élément de tranchées conquis devant aussitôt être retourné face à l'ennemi et solidement organisé pour résister aux furieuses et nombreuses contre-attaques allemandes qui, se rendant compte de l'importance capitale de la position que nous voulions leur enlever, voulaient nous empêcher de nous en emparer... Les officiers et les soldats que nous fîmes prisonniers en grand nombre au cours des diverses attaques, furent unanimes à nous déclarer qu'ils avaient reçu l'ordre de résister jusqu'au dernier et que des forces considérables devaient nous être opposées !...

D'autre part le terrain n'était guère favorable à des attaques d'infanterie, car, ainsi que je vous le disais tout à l'heure, le terrain était sillonné de nombreuses sources que les pluies incessantes avaient fait déborder; le sol, profondément labouré par les nombreux bombardements, était transformé en un véritable amas de boue épaisse et collante où les hommes qui n'avaient pas le soin de s'arc-bouter aux parapets des boyaux de communications, s'enlizaient vivants !... Trois hommes de ma compagnie disparurent malheureusement ainsi sans qu'aucun secours, hélas ! pût les sauver !...

Le fond de ces boyaux était jonché de cadavres et

s'opposait par là à notre marche ; des équipements de toutes sortes s'entassaient dans un désordre qui expliquait l'acharnement avec lequel nos hommes se battaient.. Les fils de fer barbelés se croisaient, au-dessus des parapets, d'une façon inextricable et formaient par place de véritables toiles d'araignée, desquelles, une fois engagé, on ne pouvait plus sortir... Tout homme blessé assez grièvement, pour ne pouvoir se rendre, par ses propres moyens, jusqu'au premier poste de secours, devait mourir sur place... Il était, en effet, impossible aux brancardiers de tenter le moindre effort dans de semblables conditions.

Avril 1915.

A la suite des combats précédents, nous tenions tout le bastion ouest, et vers le bastion est, nous avions commencé à progresser, en enlevant aux Allemands 300 mètres de tranchées... Nos acquisitions, sur ces deux points, avaient été aussitôt reliées face aux défenses adverses par des tranchées, des boyaux et des places d'armes, munis d'installations téléphoniques avec le poste de commandement du colonel.

C'étaient des bases pour de nouvelles attaques.

Nous ne nous dissimulions pas les difficultés de la tâche qui restait à accomplir, mais nous avions tous le désir ardent de la mener à bonne fin, malgré le renforcement continu des ouvrages ennemis, et malgré l'entrée en action des batteries lourdes allemandes, faisant autour de nous des ravages pénibles.

Le 5 avril au soir, nous recevons l'ordre de nous porter dans la parallèle de première ligne, pour relever nos camarades, fatigués par cinq jours de luttes et de privations. Déjà, depuis trois jours, nous occupions nos positions de renfort : le premier jour, au carrefour des Trois-Jurés ; le deuxième, derrière la cote de Montgirmont ; le troisième, dans les boyaux de communications sur les pentes de la crête des Eparges, avec mission de ravitailler en cartouches nos camarades de la parallèle. Tous les jours, quelques nouvelles victimes réduisaient notre effectif.

Il pleuvait depuis plusieurs jours ! la nuit était noire ! Seules, les fusées éclairantes qu'un ennemi toujours en éveil lançait vers le ciel, jetaient par instant des lueurs dangereuses sur ce panorama de mort et de gloire !...

Nous marchions péniblement dans l'eau jusqu'au dessus des genoux... quelquefois même, elle montait jusqu'au-dessus de la ceinture, lorsque les fusées nous obligeaient à nous dissimuler davantage... tantôt, c'était un passage qu'il fallait traverser en rampant..., la boue alors, nous baignait le visage ! Tantôt, il fallait attendre, anxieux, l'éclatement d'un projectile sifflant sinistrement au-dessus de soi !..

Les pertes de l'ennemi étaient très lourdes, car notre artillerie, par son tir précis, violent et soutenu, nous permit de nous emparer de plusieurs tranchées comblées de cadavres allemands, et où nous découvrîmes des mitrailleurs attachés à leurs pièces au moyen de chaînes munies de cadenas, dont les clefs étaient en la possession des officiers !...

Ici, Messieurs, je dois vous apporter mon témoignage personnel pour vous certifier l'exactitude d'un fait que les journaux ont rapporté, mais qui paraît tellement odieux à notre mentalité, qu'il a rencontré beaucoup de sceptiques... J'ai vu, de mes yeux vu, des Boches attachés à leurs pièces ! Un tel spectacle nous remplissait d'horreur et de dégoût pour cette soi-disant « Kultur » allemande qui voulait s'imposer au monde !...

Des corps à corps violents nous permirent de nous

installer dans les tranchées allemandes; mais le bombardement ennemi devenu de plus en plus intenable, des torpilles aériennes tombant avec une précision mathématique dans nos tranchées, et pulvérisant des rangs entiers des nôtres.., un instant nous reculons; mais bientôt nous attaquons de nouveau, et, sous la pluie infernale de fer qui tombe, nous chargeons à la baïonnette, nous refoulons les Allemands et restons maîtres des positions conquises, soit 500 mètres de tranchées !..

Vous vous attendiez peut-être, après un semblable effort, à m'entendre vous dire que nous avions progressé de plusieurs kilomètres.., de cinq ou six au moins !.... Comment, tous ces efforts, toute cette patience, tous ces travaux de sape et de mine, tous ces coups de canon, tout ce sang versé, pour 500 mètres de tranchées ? .. Eh bien! oui, Messieurs, pour 500 mètres de terrain, mais aussi pour la gloire d'avoir fait reculer les Boches, et cela n'a pas de prix !

Aussi, lorsque les gens de l'arrière, les colporteurs de fausses nouvelles, les alarmistes, propagateurs du découragement ou de la lassitude, viendront vous demander, avec des allures de stratèges en chambre : « Mais que font-ils sur le front ? Ils n'avancent pas ! » Donnez leur rendez-vous à un boyau quelconque des Eparges, et dites leur que leur présence là-bas avancera peut-être les opérations !.....

C'est ce que je leur réponds moi-même toujours, à ces pessimistes, comme j'ai répondu un jour à Toulon, pendant ma convalescence, à des civils qui s'étonnaient de ne voir que des blessés aux jambes et aux bras se promener dans les rues :

« Si vous voulez voir les autres, allez donc sur les » champs de bataille. Il y a, là-bas, de nombreuses croix

» de bois qui indiquent la place de ceux plus grièvement » blessés et où ils reposent pour toujours ! ... »

La nuit se passe dans les lignes nouvellement conquises ; il pleut à torrent, des cadavres gisent de tous les côtés, les appels plaintifs des blessés que nous ne pouvons pas secourir nous meurtrissent le cœur !.... Toute la nuit les soldats veillent, soit à leur poste de sentinelle, soit dans les tranchées qu'ils consolident, qu'ils fortifient et où ils creusent, en hâte, des abris rudimentaires, grâce aux outils portatifs qu'ils ont sur leur sac..., les uns mangent les quelques provisions détrempées placées dans la musette, tandis que les autres, accroupis et las, abrités sous leur toile de tente, autant qu'on peut l'être sous une toile qui n'a d'imperméable que le nom, essayent de regagner leurs forces fatiguées.....

Des coups de fusil partent de temps à autre des deux lignes opposées. Ce sont les sentinelles qui se saluent !....

A ce sujet, il m'arrive à la mémoire un fait qui mérite d'être retenu et qui vous mettra en lumière, et de la façon la plus saisissante, la grande camaraderie qui existe sur le front, non seulement entre les hommes, mais aussi entre les hommes et leurs officiers, camaraderie qui atteint le dévouement le plus sublime.

J'avais dans ma section un jeune engagé volontaire, du nom de B ..., auquel je m'intéressais particulièrement pour son jeune âge et pour son grand courage. Il m'était très dévoué et demandait à faire partie de toutes les patrouilles, comme des missions les plus périlleuses.

Un jour qu'il était en sentinelle, dans une tranchée très exposée, il m'avise tout à coup qu'il vient d'apercevoir un Boche dans la tranchée allemande .. Malgré mes conseils de prudence, il veut abattre le Bavarois et, comme il se lève au-dessus du parapet, sans doute pour mieux voir, une balle en plein front le jette à mes pieds, raide mort !... Des larmes, malgré moi, montent à mes yeux...., mais, de suite, un de ses camarades, voyant ma douleur et n'écoutant que son courage, avait pris sa place !

Pendant une demie heure, il guette derrière un créneau l'ennemi dont il veut la mort... je le vois, à un moment, mettre tranquillement en joue et appuyer sur la détente... « Mon Lieutenant, s'écrie-t-il alors en sautant de joie, soyez content, B.... est vengé ! » et du doigt il me montre le Bavarois qui, à son tour, avait le crâne fracassé !

Les mitrailleuses, dissimulées en tête de sape et dans les tranchées, broient, à la moindre alerte, leur effroyable café, dès que le plus petit mouvement ennemi est signalé... Des barrages d'artillerie se déclanchent, sur notre demande, avec une rapidité foudroyante, grâce aux différents dispositifs de téléphonie, ou aux fusées que nous lançons au moyen de petits revolvers à cet usage, et que nous n'utilisons que lorsque les lignes téléphoniques sont coupées ou détériorées par les bombardements ennemis

Sept contre-attaques sont ainsi arrêtées net !...

Le 7 Avril, au matin, il pleut toujours, nous sommes trempés..., l'ennemi semble épuisé et une légère accalmie se manifeste, mais nous entendons distinctement les Allemands converser dans leur repaire... Un Alsacien, engagé volontaire pour la durée de la guerre, me propose de lancer un manifeste aux Boches, pour les engager à se rendre... Je lui conseille de venir avec moi en tête de sape et d'essayer, par la parole, d'obtenir le même résultat ; il accepte de grand cœur et prend la place de la sentinelle la plus avancée ; fait des signes à l'Allemand, qui, de l'autre côté, à une vingtaine de mètres au plus, monte la garde, lui parle et le décide à venir dans nos lignes... Ce mouvement entraîne dix-sept des siens qui se rendent aux nôtres !...

Mais l'officier prussien vient de s'apercevoir du manège, il donne des ordres brefs que nous entendons distinctement et aussitôt des coups de feu sont tirés sur ceux des leurs qui se rendaient !... C'est trop tard, ils sont entre nos mains et, déjà, ils sont dirigés, par les boyaux de communications, jusqu'au poste du commandant où ils subiront l'interrogatoire d'usage et où ils seront fouillés, avant d'être conduits sous bonne escorte à l'arrière, car ils cachent souvent dans leurs bottes des poignards qui sont de véritables baïonnettes.

La joie se manifeste sur leur visage; ils nous déclarent être épuisés et heureux de devenir nos prisonniers, ce qui n'est rien moins qu'une lâcheté ! Mais admirons la discipline de ces hommes qui, quoique prisonniers, continuent, sous le feu, à marcher au pas de parade... qui, pour traverser un obstacle, s'aident mutuellement les uns les autres et qui, pour ne pas se perdre en traversant un bois, se posent mécaniquement les mains sur les épaules et s'emboîtent le pas...

J'apprends que mon capitaine, la veille au soir, avait été enterré vivant sous un éboulement produit par un obus de gros calibre ; heureusement, il a été déterré et porté au poste de secours ; j'ai reçu de ses nouvelles depuis et je sais qu'il se porte bien.

Mais des renforts sont signalés au village de Combres ; l'ennemi va, de toute évidence, contre-attaquer à fond.

Le lieutenant de ma compagnie, qui avait pris le commandement après le départ du capitaine, est blessé mortellement à 11 heures du matin, par une balle reçue en plein front, au moment où, me disant de rester assis, il se levait pour aller contrôler un renseignement fourni par une sentinelle. J'arrive près de lui, lui fais le premier pansement, mais m'aperçois, hélas ! que tout secours est inutile, la boîte crânienne est fracassée et la cervelle coule le long de ses tempes ! Pendant deux heures il agonise et râle auprès de moi ! Il ne souffre plus, sans doute, mais nous sommes tous douloureusement impressionnés !... Ses gestes semblent nous dicter notre conduite.

A mon tour, je prends le commandement de la compagnie et fais savoir au commandant dans quelles conditions elle se trouve à ce moment-là.

Nous devons attaquer à 16 heures. Je ne possède ni grenades, ni pétards ; les fusils de mes hommes sont encrassés par la boue qui immobilise les mécanismes à répétition. Je ne peux utiliser que les baïonnettes !

Mon commandant me donne cependant l'ordre de défendre la position avec le plus grand acharnement, de mourir sur place avec le dernier homme, mais déclare qu'il ne peut m'envoyer ni grenades ni pétards, n'en n'ayant pas en sa possession et ne pouvant pas en obtenir, malgré ses diverses demandes.

A 14 heures, blessé au coude par un éclat d'obus, un pansement provisoire me permet de rester avec mes hommes qui, courageusement, tiennent tête à l'orage des projectiles allemands ; plusieurs tombent autour de moi... nous sommes tous couverts de sang et de boue...

Nos renforts ont grand peine à arriver, ils sont massés dans les boyaux effondrés, encombrés et terriblement canonnés.. Mais c'est l'heure de l'attaque ; et c'est aux cris de : « Au jus ! Au jus ! » que nos hommes s'élancent, la baïonnette haute, les yeux brillants de haine, tout le corps contracté pour l'effort suprême qu'ils vont tenter.

Il y a un proverbe qui dit :

« Le Français né malin créa le vaudeville. »

Vous venez de voir par cette expression de « Au jus ! Au jus ! » que le Français sait, au moment le plus dramatique de sa vie, mettre une note gaie dans ses paroles, en changeant cette exclamation familière du réveil, en un terrible mot de carnage !...

Un nouvel éclat d'obus au genou, me jette, hélas ! à terre, impuissant et furieux ; mes hommes se précipitent pour m'aider à me relever, mais mes forces me trahissent et mon commandant me donne l'ordre de me rendre au poste de secours.

Les nouvelles tranchées prises restent en notre pouvoir, et l'ennemi épuisé ne contre-attaque pas de toute la nuit.

J'ai su depuis, à l'hôpital, que les combats des 8 et 9 nous avaient rendus définitivement maîtres de la crête des Eparges, où tant des nôtres reposent de leur dernier sommeil, mais d'où les Boches ont été chassés pour ne plus revenir.

Mon plus grand désespoir sera d'avoir été blessé et de n'avoir pu prendre qu'une si faible part à ce glorieux fait d'armes qui a valu à notre division la citation suivante à l'ordre du corps d'Armée :

« Pendant cinq mois, avec un courage et une ténacité dont les guerres précédentes n'avaient pas encore fourni d'exemple, les troupes de la .. e division ont poursuivi le siège de la formidable forteresse que nos ennemis avaient établie sur la hauteur des Eparges.

» En dépit des obus, des mitrailleuses et des torpilles, ces troupes héroïques, qui libèrent chaque jour, au prix de leur sang, quelque nouvelle parcelle du sol national, ont gravi pas à pas les pentes escarpées de la hauteur.

» Soutenues par une artillerie admirable dont la vigilance

n'a jamais été surprise, elles ont repoussé dix-huit contre-attaques, infligeant aux troupes opposées des pertes si sanglantes qu'elles durent être relevées.

» Hier, enfin, le succès définitif est venu couronner leurs efforts.

» Combattants des Eparges, vous avez inscrit une page glorieuse dans l'histoire,

» La France vous en remercie !

» Le Général commandant le ..ᵉ corps d'armée. »

et celle-ci, à l'ordre général de l'Armée :

» ...ᵉ Division d'Infanterie
» et le ...ᵐᵉ Bataillon de Chasseurs
» ont donné depuis le début de la campagne de nombreuses » marques de haute valeur, qu'ils viennent encore d'affirmer en » s'emparant, après une lutte qui a duré plus d'un mois, de la » position fortifiée des Eparges dont ils ont complètement » chassé l'ennemi. »

Parmi les actions brillantes de la ...ᵉ Armée, ce combat est le plus brillant. Il a valu à la ...ᵐᵉ Armée un radiotélégramme du général commandant en chef, qui a été communiqué à toutes les Armées et qui est ainsi conçu :

» Le Général commandant en Chef adresse l'expression » de sa profonde satisfaction aux troupes de la ...ᵉ Armée qui » ont définitivent enlevé la position des Eparges à l'ennemi. » L'ardeur guerrière dont elles ont fait preuve, la ténacité » indomptable qu'elles ont montrée, lui sont un sûr garant que » leur dévouement à la Patrie reste toujours le même, il les en » remercie. »

Le rôle de l'infanterie dans cette guerre, encore plus que dans les précédentes, ainsi que vous pouvez vous en rendre compte, est très pénible et ses pertes sont très sérieuses. Elle est toujours digne de son glorieux passé et mériterait en temps de paix une place un peu moins effacée et surtout parfois moins méprisée.

Beaucoup de cavaliers mènent depuis de longs mois la même vie que nous et leur courage ne le cède en rien à celui de nos hommes. Les officiers de cavalerie venus pour renforcer nos cadres, se sont toujours glorieusement acquittés de la tâche qui leur avait été confiée.

Lorsqu'on est à cheval, on ne pense pas tout le temps à sa monture, on est élevé, l'horizon s'élargit, on voit et on imagine d'une façon moins étroite que quand on a les pieds sur la terre ; le bercement de l'allure vous met dans un rêve ; on n'est plus l'homme faible attaché au sol et s'y mouvant lentement, on domine, on a une taille surhumaine, on peut fondre inopinément sur les points les plus éloignés.

Il faut donc au cavalier versé dans l'infanterie toute son énergie et toutes ses forces pour remplir un commandement auquel ni son instruction, ni ses habitudes militaires ne l'avaient préparé.

Comme officier d'infanterie, il m'est particulièrement agréable de témoigner mon admiration à mes collègues de la cavalerie.

Je ne voudrais pas terminer sans vous dire, Messieurs, un mot du dévouement inlassable de nos Dames de France, laïques et religieuses, qui, depuis le début de cette guerre, se prodiguent avec une inlassable ferveur, au chevet de nos blessés et leur donnent partout, sans compter, les soins les plus éclairés et les plus réconfortants.

Messieurs, avec de semblables soldats et avec un semblable cœur, la France ne peut pas mourir !

Vive la France !

M. le Commandant de la Rocheterie me pardonnera de faire suivre ces quelques lignes des paroles si chaudes et si vibrantes qu'il a bien voulu m'adresser à l'issue de ma conférence et qui sont ma récompense et ma fierté.

J. C.

Mon cher Ami,

Je regrette bien vivement de n'avoir pas, pour vous exprimer ce que je ressens, ce que les anciens appelaient le don sacré de l'éloquence. Puisque malheureusement il me manque, je vous dirai tout simplement, au nom du Dépôt du 21e Dragons : « Merci ». Merci de nous avoir, avec tant de pittoresque, et tant de modestie en ce qui vous concerne, exposé la vaillance des combattants des Eparges ; merci d'avoir fait vibrer et d'avoir élevé nos âmes par le récit de leurs exploits presque surhumains, qu'autrefois l'on aurait qualifiés de fabuleux ; merci de l'hommage rendu aux cavaliers passés dans l'Infanterie, l'arme martyre, comme me l'écrivait récemment l'un d'entre eux, mais aussi l'arme triomphante.

Ne vous figurez pas, mon cher ami, que nous, cavaliers, nous ayions jamais méprisé nos camarades de l'Infanterie. Peut-être, étant, ainsi que vous l'avez fait remarquer, plus élevés qu'eux au-dessus du sol, les avons-nous parfois regardés d'un peu haut ! Mais de là à les mépriser il y a un abîme, et, cet abîme, nous ne l'avons jamais franchi. Aujourd'hui, nous les admirons sans réserve, et notre seule ambition est de faire, non pas mieux (cela est impossible), mais aussi bien qu'eux, lorsqu'enfin il sera donné à la Cavalerie de marcher.

Depuis le début de cette terrible guerre, les Français, les Françaises aussi, vous le disiez si bien tout à l'heure, ont donné les plus magnifiques exemples de dévouement et d'abnégation. On nous disait amollis par le bien-être, corrompus par le luxe, incapables d'un effort viril. Cet amollissement, s'il existait, n'était que de surface. Au premier appel du clairon, l'âme française s'est retrouvée ce qu'elle a toujours été, ce qu'elle sera toujours, vibrante, fière, énergique, capable de toutes les vertus, de tous les héroïsmes, de tous les sacrifices. Non, la France ne périra pas ! la France ne peut pas périr. La lutte a été dure, et le sera peut-être encore. Mais, avec l'aide de Dieu, de Dieu qui aime les Francs, nous la soutiendrons jusqu'au bout, jusqu'à la victoire définitive, jusqu'à l'écrasement complet de l'Allemagne.

Vive, et, toujours, Vive la France !

Saumur, 19 Juillet 1915.

DE LA ROCHETERIE,

Major Cᵗ le Dépôt du 21ᵉ Dragons.

SAUMUR. IMP. P. GODET. 15-697

www.ingramcontent.com/pod-product-compliance
Ingram Content Group UK Ltd.
Pitfield, Milton Keynes, MK11 3LW, UK
UKHW021035200726
13857UKWH00004B/1727